Georges de La Tour

scénario et dessin

Li-An

couleurs

Laurence Croix

Glénat

© 2015 Éditions Glénat
Couvent Sainte-Cécile - 37, rue Servan - 38000 Grenoble
Tous droits réservés pour tous pays.
Dépôt légal : juin 2015.
ISBN : 978-2-7234-9707-7 / 001
Achevé d'imprimer en France en mai 2015 par Pollina - L72348,
sur papier provenant de forêts gérées de manière durable.

BONSOIR MESSIEURS.

VOTRE DEVOIR DE MEMBRE DE LA MILICE EXIGEAIT VOTRE PRÉSENCE SUR LES REMPARTS DE LA VILLE. VOUS N'Y ÉTIEZ POINT.

MONSIEUR LE GOUVERNEUR !

VOUS CONNAISSEZ NOS RAISONS !

SILENCE !

J'AI DÉCIDÉ LA REDDITION DE LA GARNISON. LES RENFORTS DU DUC CHARLES N'ARRIVERONT PAS.

COMME VOUS AVEZ DÉCIDÉ AU DÉBUT DU SIÈGE QUE VOTRE SERMENT DE FIDÉLITÉ À LOUIS XIII VOUS DISPENSAIT DE VOUS BATTRE CONTRE LES TROUPES FRANÇAISES ...

VOUS ÊTES INJUSTE AVEC NOUS, GOUVERNEUR !

...JE VOUS INVITE À LES ACCUEILLIR AVEC MOI AFIN QUE VOTRE DÉVOUEMENT AUX ENNEMIS DE NOTRE PAYS, LA LORRAINE, LEUR INSPIRE UN PEU DE COMPASSION ...

NOUS NE SOMMES MOTIVÉS QUE PAR LE SALUT DE NOTRE VILLE BIEN-AIMÉE.

ET CELUI DE VOS PROPRES INTÉRÊTS, JE N'EN DOUTE PAS !

OUVREZ LES PORTES !

MONSIEUR LE GOUVERNEUR, VOTRE STUPIDE DÉVOUEMENT À VOTRE DUC M'A FORT DÉPLU.

J'AI PERDU DU TEMPS ET DES HOMMES PAR VOTRE FAUTE.

POUR LA PEINE ET FAIRE EXEMPLE, JE VOUS PROMETS LES GALÈRES, MONSIEUR.

EMMENEZ LE !!

?!

ET VOUS, MESSIEURS ?

NOUS AVONS JURÉ FIDÉLITÉ AU ROI ET C'EST NOTRE DEVOIR DE VOUS ACCUEILLIR.

TOUS LES BOURGEOIS DE CETTE VILLE ONT JURÉ FIDÉLITÉ À LOUIS XIII ET LA PLUPART DEVAIENT ÊTRE SUR LES REMPARTS À TIRER SUR MES SOLDATS.

JE SUIS FORT TOUCHÉ PAR VOTRE ACCUEIL, MAIS VOUS COMPRENDREZ AISÉMENT QUE JE LAISSE MES HOMMES PRENDRE QUELQUE BON TEMPS ...

JE VOUS INVITE À ME RENDRE VISITE DÈS DEMAIN POUR DÉCIDER DES MODALITÉS DE PAIEMENT DES FRAIS D'INSTALLATION DE MES TROUPES À LUNÉVILLE.

EN ATTENDANT, BONNE SOIRÉE MESSIEURS.

IL Y A UN INCENDIE DU CÔTÉ DE LA RIVIÈRE.

ET VOUS ENTENDEZ CES CRIS ?

TU AS COUCHÉ TA SOEUR, CLAUDE ?

OUI. ELLE A RÉCLAMÉ ANNE ET ELLE A FINI PAR S'ENDORMIR.

NOUS AURIONS DÛ QUITTER LA VILLE, GEORGES...

...PENDANT QU'IL ÉTAIT ENCORE TEMPS.

NOUS AVONS DÉJÀ PARLÉ DE ÇA, DIANE.

NOS AFFAIRES, NOS TERRAINS, NOS POSSESSIONS SONT ICI. ET LA GUERRE EST PARTOUT.

EST-CE QUE JE PEUX MONTER LA GARDE AVEC MOUTAUBAN CE SOIR, PÈRE ?

SI TU LE DÉSIRES.

MAIS RÉVEILLE-MOI SI TU AS BESOIN DE DORMIR...

EST-CE QUE VOUS RESTEREZ PRIER AVEC NOUS, GEORGES ?

IL FAUT QUE J'ÉCRIVE QUELQUES LETTRES.

LES FRANÇAIS VONT VOULOIR DE L'ARGENT ET IL FAUT RELANCER NOS DÉBITEURS.

ÉTIENNE !
ÉTIENNE !

?

OÙ COURS-TU COMME CELA ?

MON PÈRE M'ENVOIE CHEZ MONSIEUR DE TROYSIE POUR LE PAIEMENT D'UN TABLEAU. ET LUI ACHETER DES ŒUFS S'IL LUI EN RESTE.

NICOLAS DE TROYSIE ? IL A ÉTÉ TUÉ PAR LES FRANÇAIS.

AAH !! J'AVAIS OUBLIÉ CELA ! MON PÈRE VA ÊTRE FURIEUX.

TU NE VEUX PAS PLUTÔT NOUS ACCOMPAGNER SUR LES REMPARTS ?

GISÈLE A ÉCRIT UN DE SES MERVEILLEUX POÈMES ET ELLE HÉSITE ENCORE.

FAUT-IL LE DÉDIER À LOUIS XIII OU BIEN NOTRE BON DUC CHARLES IX ?

JE N'AI PAS LE TEMPS POUR CES BÊTISES !

TU POURRAIS NOUS AIDER À DÉCIDER !

COMME L'ÉCLAIR DE JUPITER SCINDE LES CIEUX EN DEUX...

TA VAILLANCE FAIT TREMBLER LE COUARD ET MÊME LE PREUX...

TU DEVRAIS PLUTÔT PORTER TES REGARDS SUR NOTRE VILLE, ÉTIENNE...

LA VILLE ? JE NE VOIS RIEN DE BIEN NOUVEAU...

TU N'ES PAS AU COURANT ? LE CAPITAINE DE PEDMONT VA ANNONCER QU'IL SE RETIRE DE LA VILLE...

IL A L'INTENTION DE BRÛLER LUNÉVILLE...

BRÛLER LUNÉVILLE ?? ILS VIENNENT DE LA CAPTURER IL Y A À PEINE UN MOIS !

ÇA N'A PAS DE SENS !

MES PARENTS PROJETTENT DE PARTIR POUR NANCY DÈS CE SOIR. TU PENSES QUE NOUS NOUS REVERRONS LÀ-BAS ?

JE... JE L'IGNORE.

EXCUSEZ-MOI.

IL FAUT QUE J'Y AILLE !

ET CUPIDON, PAR LE VENT PORTÉ, AU LOIN S'EN EST ALLÉ...

S'IL TE PLAÎT, GISÈLE, TAIS TOI...

LB

DRAPS, COUVERTURES, LINGE, VÊTEMENTS...

ET L'ARGENTERIE.

ET LA VACHE !

NON, PAS LES MEUBLES. NOUS EN RACHÈTERONS À NANÇY.

VÉRIFIE QUE L'EMBALLAGE DES TABLEAUX DE TON PÈRE SOIT IMPECCABLE, CLAUDE.

MAIS N'OUBLIEZ PAS LA VACHE, MONTAUBAN.

AVEZ-VOUS TERMINÉ VOTRE TRAVAIL, GEORGES ?

RHABILLEZ-VOUS, SIMON. ET, TENEZ, VOICI VOTRE DÛ.

MERCI, M. DE LA TOUR ! SI VOUS SAVIEZ COMBIEN J'EN AI BESOIN !

NOUS SOMMES TOUS LOGÉS À LA MÊME ENSEIGNE, SIMON.

ÊTES-VOUS SÛR QUE NOUS DEVRIONS PARTIR, GEORGES ?

ILS NE VONT PAS BRÛLER LES MAISONS TOUT DE MÊME !

C'EST UN SIGNE DU DESTIN ! LUNÉVILLE N'EST PLUS TRÈS SÛRE POUR NOUS AVEC LE RETOUR DES TROUPES DU DUC CHARLES.

NANÇY NOUS ATTEND ET ENSUITE JE PARTIRAI POUR PARIS.

REGARDEZ: CELUI-CI EST POUR LE ROI ET CE SECOND POUR LE CARDINAL DE RICHELIEU.

MES MEILLEURS ATOUTS POUR UN TITRE DE NOBLESSE !

EN ATTENDANT, ON M'A DÉJÀ PROMIS CELUI DE PEINTRE ORDINAIRE DU ROI.

TOUS À LA MÊME ENSEIGNE...

TU PARLES...

♪ ALIZON A L'ŒIL CHARMANT COMME L'ESCAILLE D'UNE HUÎTRE, ♪

♪ QUAND ELLE VOIT SON AMANT, C'EST À TRAVERS D'UNE VITRE

LA LA DERI DERI DERIDELLE ♪

ELLE DIT QU'ELLE A VINGT ANS LE JOUR DES PROCHAINES PÂQUES ♪

MAIS JE SAIS QU'ELLE EST DU TEMPS QU'ON FIT LA PORTE ST JACQUES ♪

QU'EST-CE QUE L'ON ENTEND LÀ ? C'EST INSUPPORTABLE.

C'EST UN VIELLEUR, MA MIE...

DONNEZ-LUI UNE PIÈCE QU'IL S'EN AILLE CHANTER AILLEURS...

VOILÀ POUR TA PEINE, L'AMI, MAIS TU NE DEVRAIS PAS TRAÎNER : LA GUERRE VA ENCORE PASSER PAR ICI.

DIEU VOUS BÉNISSE.

MAIS J'AI L'IMPRESSION QUE JE SERAI À St NICOLAS AVANT VOUS, MON SEIGNEUR.

CE VIELLEUR N'A PAS TORT, PÈRE...

NOUS N'AVANÇONS PLUS GUÈRE...

MES HOMMAGES, MADEMOISELLE...

MADEMOISELLE...

ÇA SUFFIT COMME ÇA !

?

GEORGES, OÙ ALLEZ-VOUS ?

M'EN TROUVER LE RESPONSABLE DE CE CARNAVAL !

EH BIEN QUOI??

VOUS NE POURRIEZ PAS DÉGAGER PLUS RAPIDEMENT ?

IL Y A DES GENS QUI SONT PRESSÉS ET QUI ATTENDENT DERRIÈRE !

OH! VOUS ÊTES PRESSÉ, MONSIEUR...

MONSIEUR ?

GEORGES DE LA TOUR, PEINTRE ORDINAIRE DU ROI.

PEINTRE DU ROI ?

MAGNIFIQUE ! JE N'AI JAMAIS CHIÉ SUR LA TÊTE D'UN PEINTRE.

VOUS POURREZ IMMORTALISER LA SCÈNE, QU'EST-CE QUE VOUS EN PENSEZ ?

?!

AH! AH! AH!

AH! AH! AH! AH!

ALORS ?

UNE BANDE DE SOUDARDS INSOLENTS !

NOUS NE SOMMES PAS PRÈS DE BOUGER.

SUIVEZ CE CHEMIN, BAPTISTE !! NOUS REPRENDRONS LA ROUTE PLUS LOIN !

MONSIEUR EST VRAIMENT SÛR ?

ALLEZ ! AVANCEZ !

JE NE VEUX PAS PASSER LA NUIT ICI !

?

REGARDEZ, IL Y A UNE LUEUR ÉTRANGE AU LOIN.

C'EST QUE LE SOLEIL SE COUCHE, MA FILLE...

À L'EST ?

COMMENT ÇA "À L'EST" ?

C'EST LUNÉVILLE QUI BRÛLE...

... LE CAPITAINE A TENU PAROLE.

VOUS VOYEZ LES COULEURS ?

QUELLES COULEURS ?

LE ROUGE DU MANTEAU DU CHRIST, LE BLEU DE LA TUNIQUE DE St PIERRE, LE JAUNE DES PANTALONS DU PETIT PAGE...

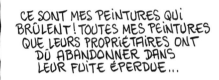

CE SONT MES PEINTURES QUI BRÛLENT ! TOUTES MES PEINTURES QUE LEURS PROPRIÉTAIRES ONT DÛ ABANDONNER DANS LEUR FUITE ÉPERDUE...

JE SUIS... JE SUIS UN PEINTRE SANS TABLEAU, UN ARTISTE SANS PLUS AUCUNE ŒUVRE.

UN... UN VA-NU-PIEDS.

NE DIS PAS ÇA, GEORGES. À NANÇY, TU POURRAS PEINDRE DE NOUVELLES CHOSES, LES GENS AIMENT TON TRAVAIL.

J'AURAIS DÛ FAIRE COMME LES AUTRES, POUSSIN, CALLOT...

... M'INSTALLER À PARIS AU LIEU DE SURVEILLER MES BIENS.

IL NE RESTE RIEN.

Li.AN 13

14

ALLEZ!

TIREZ! TIREZ!

MEUUH

S'IL VOUS PLAÎT!

BONSOIR MON PÈRE. VOILÀ LE PLUS ÉTRANGE ATTELAGE QUE J'AIE JAMAIS VU.

IL FAUT BIEN LABOURER, MON FILS, SI NOUS VOULONS ESPÉRER UNE RÉCOLTE EN ÉTÉ. LES SOLDATS NOUS ONT PRIS TOUS LES ANIMAUX DE TRAIT.

D'OÙ VENEZ VOUS ? LES VISITEURS SONT RARES PAR CHEZ NOUS.

DE LUNÉVILLE. LES FRANÇAIS LA BRÛLENT DEVANT L'AVANCÉE DES TROUPES DU DUC CHARLES.

BONSOIR MON PÈRE.

MON PÈRE.

JE M'Y PERDS. JE CROYAIS QUE C'ÉTAIENT LES NÔTRES QUI TENAIENT LUNÉVILLE...

JE SUPPOSE QUE VOUS CHERCHEZ UN ABRI POUR CE SOIR.

VENEZ DORMIR AU VILLAGE.

JE VOUS DEMANDERAI JUSTE DE DONNER DU LAIT DE VOTRE VACHE POUR LES ENFANTS.

L9 13

15

CONTINUEZ TOUT DROIT JUSQU'AU BOUT DE LA RUE.

COMME VOUS ÊTES BELLE, MADEMOISELLE...

UNE VRAIE PRINCESSE !

JE VAIS VOUS INSTALLER DANS LA MAISON DU PÈRE RECOURT. ELLE EST ASSEZ GRANDE POUR TOUS VOUS LOGER.

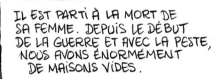

IL EST PARTI À LA MORT DE SA FEMME. DEPUIS LE DÉBUT DE LA GUERRE ET AVEC LA PESTE, NOUS AVONS ÉNORMÉMENT DE MAISONS VIDES.

LES VILLAGEOIS VOUS VENDRONT TOUT CE DONT VOUS AVEZ BESOIN. ENFIN, DANS LA MESURE DE LEURS MOYENS...

NOUS AVIONS UN JOLI RETABLE DANS L'ÉGLISE...

UNE VIERGE ET L'ENFANT PLEIN DE CHARME...

JE VOUS L'AURAIS BIEN MONTRÉ, MAIS LES SUÉDOIS ONT TOUT PILLÉ.

EN TANT QUE PEINTRE, VOUS AVEZ DÛ FAIRE UN VOYAGE EN ITALIE ?

RACONTEZ-NOUS ROME.

AH AH, ROME ! LA VILLE AUX MILLE ÉGLISES.

LA LUMIÈRE ET LES COULEURS DE L'ITALIE...

LES COULEURS SONT BELLES, MAIS ROME N'EST QUE RUINES ANTIQUES !

ET ELLE EST PEUPLÉE D'ARTISTES QUI SE BATTENT POUR UNE COMMANDE !

TERRIBLE, LA CONCURRENCE ENTRE ARTISTES !

ELLE FERAIT PEUR À RICHELIEU OU CHARLES QUINT EUX-MÊMES !

VOUS NE DEVRIEZ PAS RIRE, MONSIEUR...

J'AURAIS AIMER VOYAGER À TRAVERS LE MONDE COMME VOUS L'AVEZ FAIT.

À LA PLACE, C'EST LE MONDE QUI EST VENU À NOUS.

VENEZ JETER UN COUP D'OEIL DEHORS.

VOUS VOYEZ LE GRAND CHÊNE À L'ENTRÉE DU VILLAGE ?

AB

17

CE CHÊNE A VU PASSER DES SOLDATS DE TOUTE L'EUROPE.

... POLONAIS, ALLEMANDS, SUÉDOIS, ESPAGNOLS...

LES TURCS OU LES SAUVAGES DU NOUVEAU MONDE N'AURAIENT PAS PU FAIRE PIRE...

PILLAGES, VOLS, MASSACRES...

C'EST À CE CHÊNE QU'ILS ONT PENDU MES PARENTS
...

TOUT VA BIEN, ÉTIENNE ?

TU AS DE LA FIÈVRE !

C'EST D'AVOIR VOYAGÉ DANS CE CHARIOT OUVERT À TOUS LES VENTS.

TU VIENDRAS DEMAIN AVEC NOUS.

NOUS NOUS SERRERONS.

ÇA NE VA PAS !

PÈRE ?

ÇA NE VA PAS !!

TROP DE LUMIÈRE !

TROP... DE... LUMIÈRE...

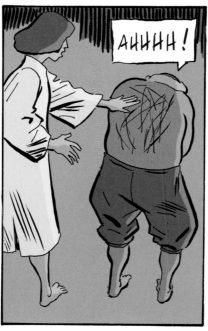

AHHHH !

TOUT EST À REFAIRE.

COMMENT VA-T-IL ?

LA FIÈVRE A DIMINUÉ, MAIS RESTE CONSTANTE ET IL NE DÉLIRE PLUS.

J'AI BIEN PEUR QUE MES PAROISSIENS PENSENT QUE C'EST LA PESTE...

ILS N'OSERONT PAS SORTIR DE CHEZ EUX AVANT VOTRE DÉPART.

VOUS CROYEZ QUE C'EST LA PESTE ?

J'EN DOUTE.

J'AI VEILLÉ DE NOMBREUX MALADES CES DERNIÈRES ANNÉES ET JE PENSE POUVOIR EN RECONNAÎTRE LES SIGNES CARACTÉRISTIQUES.

AUCUN BUBON ET IL TOUSSE M'AVEZ-VOUS DIT...

IL A DÛ ATTRAPER FROID.

CETTE TERRIBLE MALADIE NOUS A DÉJÀ ENLEVÉ DEUX ENFANTS...

JE NE SUPPORTERAIS PAS QU'ÉTIENNE MEURE.

LES VOIES DU SEIGNEUR SONT IMPÉNÉTRABLES.

JE VOUS INVITE À PRIER POUR SA GUÉRISON.

J'AI FAIM.

EST-CE QU'IL Y A QUELQUE CHOSE À MANGER ?

?

MONTAUBAN EST ALLÉ TRAIRE LA VACHE.

ANNE VOUS SERVIRA DÈS SON RETOUR. CELA IRA ?

GRML

GRML

MONTRE MOI ÇA.

?!

ÇA NE SUFFIT PAS QUE TON FRÈRE MEURE DE FIÈVRE ET NOUS OBLIGE À ATTENDRE ICI, IL FAUT AUSSI QUE TU PERDES TON TEMPS !

TU FERAIS MIEUX D'AIDER TA MÈRE !

QUE SE PASSE-T-IL ENCORE AVEC TON PÈRE, CLAUDE ?

TOUT VA BIEN, MÈRE...

IL T'A ENCORE SURPRISE À DESSINER ET CELA L'A MIS EN COLÈRE, N'EST-CE PAS ?

OÙ EST-IL PASSÉ ?

IL EST SORTI CHERCHER DU BOIS.

JE VIENS JUSTE D'Y ENVOYER JULIEN...

BAH, J'IMAGINE QU'UNE PROMENADE NE PEUT PAS LUI FAIRE DE MAL.

?

BIEN
LE BONJOUR,
MONSIEUR
CANIS...

JE RAMASSE QUELQUES BRANCHES
SUR VOS TERRES...

J'ESPÈRE
QUE VOUS NE
M'EN TIENDREZ
PAS RIGUEUR.

COMMENT T'APPELLES-TU,
MON GRAND ?

HOLÀ !

OUAF !

HERCULE...
IL S'APPELLE HERCULE.

TU N'ES PAS DU VILLAGE ?

D'OÙ VIENS-TU ?

VOUS NE POUVEZ PAS RESTER DANS LES BOIS !

ATTENDEZ !

AÏE !!

ATTENDEZ !

DITES-MOI, JULIEN, VOUS N'AURIEZ PAS CROISÉ MON MARI ?

IL EST ALLÉ RAMASSER DU BOIS MORT.

MONSIEUR ? RAMASSER DU BOIS ?

CE N'EST PAS UN SPECTACLE COURANT ET JE REGRETTE DE NE PAS L'AVOIR VU DE MES YEUX.

NE SOYEZ PAS IMPERTINENT, JULIEN.

MONSIEUR EST SORTI SUR UN COUP DE COLÈRE ET JE...

?

CLING CLING CLING

CLING CLING CLING

LA B

23

VENEZ! APPROCHEZ!

CONTEMPLEZ GEORGES DE LA TOUR, PEINTRE ORDINAIRE DU ROI !

... ACCOMPAGNÉ DE SA TRÈS REMARQUABLE TROUPE DE BOHÉMIENS !

QUELLE DRÔLE D'IDÉE...

LE VILLAGE N'A RIEN À LEUR DONNER POUR LE SPECTACLE...

... ET ILS NE POURRONT RIEN NOUS VOLER !

NE VOUS INQUIÉTEZ PAS MON PÈRE. JE LES AI ENGAGÉS POUR LA SOIRÉE.

D'OÙ SORTENT CES BOHÉMIENS, GEORGES ?

J'IGNORE D'OÙ ILS VIENNENT, MAIS JE SAIS QU'ILS VONT À LUNÉVILLE.

COMMENT CELA ?

ILS ONT APPRIS QUE LUNÉVILLE A ÉTÉ ABANDONNÉE ET ESPÈRENT Y GLANER DES CHOSES À REVENDRE...

ILS N'ONT PAS PEUR DES SOLDATS ?

LES SOLDATS CRAIGNENT LE MAUVAIS SORT ET N'ESPÈRENT PAS VOLER QUOI QUE CE SOIT À DES BOHÉMIENS.

NE VOUS INQUIÉTEZ PAS POUR EUX...

INQUIÉTEZ VOUS PLUTÔT DE TROUVER QUELQUE CHOSE À MANGER DANS CETTE MAISON.

AH ! MONTAUBAN ! ET AVEC UNE SOUPE ENCORE !

AVEZ-VOUS VU LE CHIEN DES BOHÉMIENS, MONTAUBAN ? J'EN VOUDRAIS UN PAREIL.

ALLEZ, UN SOURIRE ! J'AI DÉPENSÉ QUELQUES PIÈCES POUR REMONTER LE MORAL DE MON FILS.

COMMENT VA-T-IL ?

SA FIÈVRE EST TOMBÉE, MAIS JE NE SUIS PAS SÛRE QU'IL PUISSE REPRENDRE LE VOYAGE RAPIDEMENT.

EH ! EH ! JE L'AI VU À LA FENÊTRE.

DEMAIN, IL SERA SUR PIED...

NANCY ET PARIS NOUS ATTENDENT.

LE ROI NOUS ATTEND !

PUISQUE C'EST VOTRE DERNIER SOIR AVEC NOUS, EST-CE QUE JE PEUX ME PERMETTRE DE VOUS DEMANDER DE ME MONTRER UN TABLEAU ?

MA FOI, IL SERAIT MALPOLI DE MA PART DE REFUSER, APRÈS TOUT CE QUE VOUS AVEZ FAIT POUR MA FAMILLE.

JE VAIS DEMANDER À MONTAUBAN D'EN SORTIR UN.

MERCI, CELA IRA. VOUS POUVEZ LE POSER LÀ, JE ME DÉBROUILLERAI.

CE MONTAUBAN, IL N'A PAS VRAIMENT L'ALLURE D'UN SERVITEUR ORDINAIRE.

HUM ?

C'EST UN ANCIEN SOLDAT QUE J'AI ENGAGÉ. IL M'EST TRÈS UTILE EN CES TEMPS TROUBLÉS ET DANGEREUX.

ALORS, VOUS LA RECONNAISSEZ ?

VA13

 AU VU DE SON MANQUE DE PUDEUR, CE NE PEUT PAS ÊTRE UNE SAINTE.

 MAIS IL Y A LE CRUCIFIX. JE DONNE MA LANGUE AU CHAT.

MADELEINE PÉNITENTE.

 MAIS JE SUIS LOIN D'ÊTRE SATISFAIT. J'AIMERAIS ALLER PLUS LOIN DANS LA LUMIÈRE.

JE PENSE À UN ÉCLAIRAGE ENCORE PLUS CONTRASTÉ... À LA BOUGIE.

 EH BIEN, QUE SE PASSE-T-IL PAR ICI? ON FAIT DES MESSES BASSES?

 C'EST VOUS QUI AVEZ PEINT CETTE BELLE DAME?

 C'EST BIEN MOI, EN EFFET.

C'EST VRAI CE QUE L'ON DIT DES FEMMES SUR LES TABLEAUX?

 COMME LE PAPE VOUS INTERDIT DE FAIRE POSER DES DAMES DANS VOS ATELIERS VOUS FAITES VENIR DES JEUNES HOMMES BIEN FAITS?

 À MON AVIS, VOUS ÊTES PLUTÔT DU GENRE À PRÉFÉRER LES FEMMES, HEIN?

 VOUS DEVRIEZ AVOIR HONTE ET MONTRER UN PEU PLUS DE PUDEUR!

AH! AH! AH!

 VIENS, ZARIA!

OUI, ALLONS NOUS AMUSER ET LAISSONS CES TRISTES MINES ENSEMBLE.

QUELLE HORRIBLE CRÉATURE! QUAND JE PENSE QUE C'EST VOUS QUI LES PAYEZ.

IL FAUDRAIT TENIR VOS ENFANTS À L'ÉCART DE CES FEMMES!

OUI OUI

LAB

27

VOS ENFANTS SONT ENCORE D'UNE TELLE INNOCENCE,

C'EST UNE VRAIE BÉNÉDICTION !

JE LEUR AI PARLÉ ET JE TROUVE QUE...

OUI, OUI, BIEN SÛR. SI VOUS VOULEZ BIEN M'EXCUSER, MON PÈRE...

ÉTIENNE??

ÉTIENNE!

ET...? MONTAUBAN??

!?

IL Y A UN PROBLÈME, MONSIEUR?

AH!

EUH... JE... NON, TOUT VA BIEN MONTAUBAN... CONTINUEZ, EUH...

AH! AH! AH! AH!

AH! AH! AH! AH! AH!

DEBOUT GEORGES !

GEORGES ? VOUS M'ENTENDEZ ?

MM ?

ILS ONT ENLEVÉ ÉTIENNE .

QUOI ? QU'EST-CE QUE VOUS DITES ?

QUELLE HEURE EST-IL ?

MÂTINES VIENNENT DE SONNER .

EST-CE QUE VOUS AVEZ ENTENDU CE QUE J'AI DIT ?

NE CRIEZ PAS. J'AI MAL AU CRÂNE .

VOUS AVEZ BU ?

J'AI UN PEU BU HIER SOIR .

QUI A DISPARU ?

LES BOHÉMIENS SONT PARTIS CE MATIN ET ONT ENLEVÉ ÉTIENNE .

JE CROYAIS QUE CES GENS N'ENLEVAIENT QUE LES BÉBÉS .

ÉTIENNE A VRAIMENT DISPARU ? VOUS AVEZ REGARDÉ PARTOUT ?

UNE VIEILLE FEMME QUI SE RENDAIT AUX MÂTINES L'A APERÇU .

LES MÂTINES ! AVEC SES CLOCHES, CE CURÉ VA FAIRE VENIR TOUTE LA SOLDATESQUE DES ALENTOURS .

QUE COMPTEZ VOUS FAIRE ?

RETROUVER VOTRE FILS, PARDI !

OÙ EST PASSÉ MONTAUBAN ?

IL VOUS ATTEND DEHORS AVEC DES CHEVAUX, MONSIEUR...

MAIS D'OÙ SORTENT CES SELLES ?

DU PRESBYTÈRE, MONSIEUR.

FIGUREZ-VOUS QUE LE CURÉ LES TIENT D'UN HÉRITAGE...

...ET IL A ACCEPTÉ DE NOUS LES PRÊTER POUR NOTRE PETITE PROMENADE MATINALE.

NOUS AURONS VITE FAIT DE LES RATTRAPER.

NE VOUS INQUIÉTEZ PAS, MA MIE.

JE NE SUIS PAS AUSSI BON CAVALIER QUE VOUS, MONTAUBAN.

RALENTISSONS LE TRAIN.

C'EST LA JEUNE FILLE, N'EST-CE PAS ?

MAIS QU'EST-CE QUI LUI EST PASSÉ PAR LA TÊTE ? VOUS AVEZ UNE IDÉE, MONTAUBAN ?

JE NE SAIS PAS... IL EST JEUNE, IL A ENVIE DE VOIR DU PAYS ?

AVEC DES BOHÉMIENS ?

AU MILIEU DE LA GUERRE ??

JE TRAVAILLE DUR POUR ÉTIENNE. JE VISE UN TITRE DE NOBLESSE, MONTAUBAN.

IL SERA ANOBLI PAR LE ROI, J'EN FAIS LE SERMENT !

IL COMMENCE À PEINDRE CORRECTEMENT. IL PRENDRA MA SUITE, NOUS MONTERONS UN ATELIER.

LA GUERRE EST UNE HORRIBLE CHOSE, MAIS IL Y A DES OPPORTUNITÉS FORMIDABLES.

J'AI DÉJÀ RACHETÉ PLUSIEURS TERRAINS PROMETTEURS À LUNÉVILLE !

C'EST SÛR QUE ÇA FAIT RÊVER.

VOUS N'ÊTES QU'UN SOUDARD, MONTAUBAN.

UN SOUDARD BIEN UTILE EN CE MOMENT... ÉCOUTEZ !

QU'EST-CE QUE...?

SUIVEZ MOI !

QUE SE PASSE-T-IL ?

NOUS LES AVONS RETROUVÉS.

MAIS NOUS NE SOMMES PAS LES SEULS.

DES BRIGANDS !

PAN !

MON DIEU ! ILS VONT TUER ÉTIENNE !

NOUS ALLONS RESTER LÀ SANS RIEN FAIRE !?

TROP RISQUÉ.

CE SONT D'ANCIENS SOLDATS...

...NOUS N'AURIONS AUCUNE CHANCE EN RASE CAMPAGNE.

ILS ONT TUÉ LES HOMMES ET EMMENÉ LES FEMMES. PAS DIFFICILE DE DEVINER POURQUOI.

PAS D'ÉTIENNE. SES VÊTEMENTS ONT DÛ LEUR METTRE LA PUCE À L'OREILLE. ILS PENSENT EN TIRER UNE RANÇON.

VOUS CROYEZ ?

NE VOUS INQUIÉTEZ PAS. VOUS N'ALLEZ RIEN PAYER, MONSIEUR DE LA TOUR.

VOUS PENSEZ POUVOIR VOUS BATTRE ?

ME BATTRE ?!?

EH BIEN, J'AI SUIVI PLUS OU MOINS ASSIDÛMENT L'ENTRAÎNEMENT DE LA MILICE BOURGEOISE.

MAIS JE N'AURAIS JAMAIS PENSÉ QUE ÇA PUISSE M'ÊTRE UTILE UN JOUR !

ALORS EN AVANT !

LA GLOIRE VOUS ATTEND !

TOUT VA POUR LE MIEUX, ILS NE SONT QUE SIX.

ENLEVEZ-MOI CE CHAPEAU ET CETTE CAPE TOUT D'ABORD.

ET VOILÀ POUR VOUS DEUX PISTOLETS CHARGÉS.

NE TIREZ QUE LORSQUE VOUS ÊTES SÛR DE VOTRE COUP, À BOUT PORTANT SI POSSIBLE.

JE VOUS RAJOUTE UNE DAGUE À SAISIR DÈS QUE VOS PISTOLETS SONT DÉCHARGÉS.

ET N'OUBLIEZ PAS...

À MON SIGNAL, VOUS COUREZ SUR EUX EN CRIANT LE PLUS FORT POSSIBLE.

UNE MADELEINE AVEC UNE ÉPAULE NUE. ET JUSTE UNE CHEMISE DE NUIT.

ÉCLAIRÉE PAR UNE SIMPLE BOUGIE.

QUELQUES LIVRES ET UN CRÂNE.

CELA FAIT TOUJOURS SON PETIT EFFET, UN CRÂNE.

QU'EST-CE QUE JE RACONTE !... BIENTÔT CE SERA MON PROPRE CRÂNE QUE L'ON POURRA UTILISER COMME MODÈLE.

BLAM !

36

ET MAINTENANT??

LE... LE POIGNARD !

TOUT VA BIEN...
VOUS POUVEZ VOUS
RELEVER MAINTENANT.

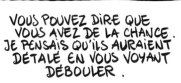

VOUS POUVEZ DIRE QUE
VOUS AVEZ DE LA CHANCE.
JE PENSAIS QU'ILS AURAIENT
DÉTALÉ EN VOUS VOYANT
DÉBOULER.

VOUS AVEZ
MÊME RÉUSSI
À EN TUER UN
FÉLICITATIONS !

ET CES DAMES AUSSI ONT
LEUR PART DANS NOTRE
VICTOIRE.

AAH!

JE NE VOIS NULLE
PART ÉTIENNE !
OÙ EST-IL PASSÉ ?

ÉTIENNE ?

IL COURT LÀ-BAS...

MAIS...? QU'EST-CE
QUE CELA SIGNIFIE ?

ÉTIENNE !

KB

38

QU'EST-CE QUE VOUS ATTENDEZ ? COUREZ-LUI APRÈS !

JE SUIS DÉSOLÉ, MONSIEUR. J'AI PRIS UN COUP D'ÉPÉE DANS LA CUISSE.

ILS FAUT DONC TOUT FAIRE SOI-MÊME !

ÉTIENNE !

ARRÊTE-TOI, ÉTIENNE !

DAMNÉ GAMIN !

SI JAMAIS ... PFF... JE T'ATTRAPE ... PFF...

JE ... JE ...

LA 13

33

41

FILS INGRAT ! JE LUI PRÉPARE UN AVENIR DORÉ, UNE VIE CONFORTABLE, ET VOILÀ COMMENT IL ME REMERCIE !

?

JE VOUS ENTENDS, PÈRE.

QU'EST-CE QUI T'A PRIS, ÉTIENNE ?

TOUT VA BIEN MAINTENANT, JE SUIS LÀ, TU NE RISQUES PLUS RIEN...

VA-T'EN ! LAISSE-MOI TRANQUILLE !

TRÈS BIEN. PUISQUE TU DÉSIRES RESTER ICI À TE MORFONDRE, JE ME RETIRE, JE M'ÉCLIPSE.

MAIS QU'EST-CE QUE JE VAIS DIRE À TA MÈRE ? ELLE AURA LE CŒUR BRISÉ SI JE NE TE RAMÈNE PAS AVEC MOI.

LAB

40

ET TES SŒURS ?
ELLES AURONT BESOIN
D'UN SOUTIEN, TES SŒURS !

DIS.MOI AU MOINS
CE QUI NE VA PAS !

CE QUI NE VA PAS ?
PENDANT QUE MES AMIS
SE BATTAIENT
SUR LES REMPARTS
DE LUNÉVILLE
JE BROYAIS DES COULEURS.
JE FAISAIS DES COMPTES !!

PARLONS-EN
DE CES REMPARTS !

MARTIN A ÉTÉ TUÉ
SUR CES FICHUS REMPARTS !

LES FRANÇAIS ONT
EMMENÉ THIERRY
DUMONT ET SES FRÈRES
AUX GALÈRES !

C'EST CELA
QUE TU VEUX !?!

MOURIR LOIN DES SIENS,
OU PRISONNIER DES MAURES,
OU JE NE SAIS QUOI !

PENDANT QUE
JE TRAVAILLE DUR
POUR LA FAMILLE !

TU VAS REPRENDRE
L'ATELIER DE PEINTURE,
IL NOUS PERMET
D'ÉCHAPPER AUX IMPÔTS,
ET TON NOM SERA
CÉLÈBRE À PARIS !

JE NE VEUX PAS
PEINDRE !
ET CLAUDE EST
BIEN PLUS DOUÉE
QUE MOI !

CLAUDE
NE DESSINE PAS !
ELLE NE PEUT
PAS DESSINER !
C'EST UNE
FILLE !!

ÉCOUTE, J'AI QUARANTE-CINQ ANS, JE SUIS ÂGÉ. SOUTIENS-MOI TANT QUE JE SUIS DE CE MONDE. UNE FOIS MORT, EH BIEN ! TU FERAS COMME TU L'ENTENDRAS.

OÙ VEUX-TU ALLER DE TOUTE MANIÈRE ? AUTOUR DE NOUS, CE N'EST QUE GUERRE, MORT ET DESTRUCTION.

TU NE TROUVERAS DE REPOS NULLE PART.

ÉTIENNE !

VOUS VOILÀ ENFIN. IL ÉTAIT TEMPS, LA NUIT VA BIENTÔT TOMBER.

C'EST BON MONTAUBAN, JE RENTRE !

À LA BONNE HEURE ! J'AURAIS BIEN PLUS PEUR D'AFFRONTER VOTRE MÈRE QUE CES BRIGANDS.

OÙ SONT PASSÉES LES BOHÉMIENNES ?

OH ! ELLES ONT FAIT LES POCHES DE NOS LARRONS ET, HOP, ENVOLÉES !

NE VOUS EN FAITES PAS POUR ELLES, MONSIEUR.

1413

42

VOUS ME DEVEZ CINQ FRANCS, MONSIEUR. C'EST CE QUE J'AI PAYÉ AUX DEUX GITANES POUR QU'ELLES S'ENFUIENT SANS ATTENDRE...

TU AS BIEN FAIT.

♪ ALIZON À L'OEIL CHARMANT COMME L'ESCAILLE D'UNE HUITRE ♪

C'EST BEAU, LA NUIT...

VOUS SAVEZ POURQUOI ON NE REPRÉSENTE PAS LA NUIT EN PEINTURE, MONTAUBAN ?

PARCE QUE ÇA NE SE VEND PAS ?

C'EST UNE BONNE RAISON, MAIS CE N'EST PAS ÇA.

ÉTIENNE ?

?

LA PEINTURE EST LUMIÈRE. IL FAUT UNE SOURCE LUMINEUSE DANS LE TABLEAU.

C'EST ELLE QUI DICTE LES VOLUMES ET LES COULEURS.

C'EST TOUT À FAIT ÇA...

IL FAUT UNE SOURCE DE LUMIÈRE...

LES VOILÀ !

ILS ARRIVENT !

QU'AVEZ-VOUS FAIT DES GITANS ?

VOUS LES AVEZ TUÉS ??

ÉTIENNE !!

EXCUSE-MOI PETITE SOEUR, JE NE LE REFERAI PLUS, JE TE LE PROMETS.

OÙ EST MAMAN ?

ELLE EST RESTÉE À L'INTÉRIEUR. ELLE NE TE PARDONNERA PAS FACILEMENT.

JE VAIS LUI PARLER.

VA T'OCCUPER DE MONTAUBAN. IL A ÉTÉ BLESSÉ.

QU'EST-CE QU'ILS VOUS ONT FAIT, MONTAUBAN ?

CE N'EST RIEN, MADEMOISELLE...

ANNE ! ANNE !

FAIS VITE CHAUFFER DE L'EAU ET PRÉPARE DES LINGES PROPRES !

ET VOUS, PÈRE ? COMMENT VOUS SENTEZ-VOUS ?

JE NE SAIS PAS TROP, CLAUDE...

J'AI... J'AI TUÉ UN HOMME, LÀ-BAS...

MONTAUBAN NOUS L'A APPRIS.

DANS LE FEU DE L'ACTION, CELA M'A SEMBLÉ NATUREL. LES HOMMES S'ENTRETUENT AUTOUR DE NOUS, ET UN MORT DE PLUS...

CELA COMMENCE À PESER SUR MA CONSCIENCE.

TOUT VA BIEN PÈRE... VOUS AVEZ FAIT VOTRE DEVOIR !

IL FAUT ME PARDONNER CLAUDE. POUR TOUT CE QUE JE T'AI DIT ET TOUT CE QUE JE TE DIRAI.

?!!

JE... BIEN PÈRE.

ET MAINTENANT, IL FAUT QUE JE ME PRÉSENTE À TA MÈRE.

45

ON M'A DIT QUE VOUS VOUS ÉTIEZ COMPORTÉ AVEC COURAGE.

IL FALLAIT SAUVER ÉTIENNE...

VOUS SAVEZ QUE JE NE VOUS AURAIS PAS PARDONNÉ S'IL LUI ÉTAIT ARRIVÉ QUOI QUE CE SOIT.

JE N'AURAIS PAS SUPPORTÉ DE PERDRE ENCORE UN FILS.

GRÂCE AU CIEL, NOUS REPARTIRONS DEMAIN. NOUS LAISSERONS LA GUERRE DERRIÈRE NOUS ET VOUS RETROUVEREZ PINCEAUX ET LIVRES DE COMPTES. QUANT AUX PAYSANS DE CE VILLAGE...

...QUE DIEU LES ÉPARGNE.

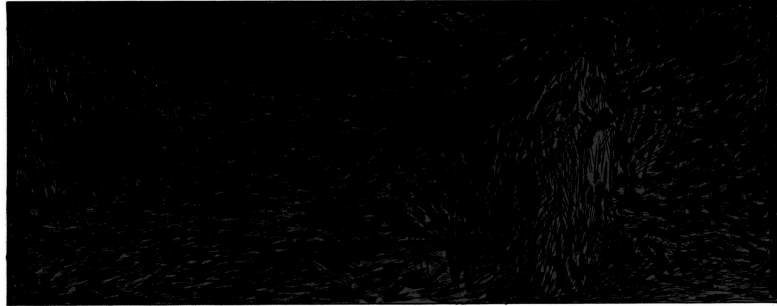

G.AN 14

46 + FIN

Georges de La Tour

Né le 14 mars 1593 à Vic-sur-Seille
et mort le 30 janvier 1652 à Lunéville.

Dossier réalisé par Dimitri Joannidès

Entre ombre et lumière

Georges de La Tour est l'un des plus grands peintres caravagesques du XVIIe siècle, mais le mystère autour de sa vie reste entier. Redécouvert par des historiens de l'art plus de deux siècles après sa mort, La Tour développe un style reconnaissable entre tous, accentuant à l'extrême les contrastes d'un clair-obscur parfois qualifié de luministe. De son vivant, son talent est reconnu par Louis XIII lui-même qui le nomme « peintre ordinaire du roi ». Artiste lorrain très attaché à sa terre, le peintre subit de plein fouet la guerre de Trente Ans et les épidémies qui touchent les duchés de Lorraine et de Bar d'où il est originaire.

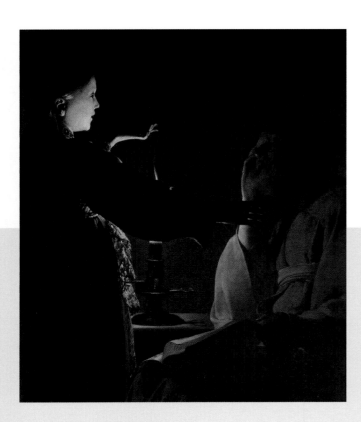

Apparition de l'Ange à Saint Joseph,
XVIIe siècle. Huile sur toile (81 X 93 cm).
Nantes, Musée des Beaux-Arts © Photo josse/Leemage

UNE EXISTENCE PEU DOCUMENTÉE

Que des grands artistes naissent à l'histoire après leur mort n'est pas rare. Mais que des peintres aujourd'hui encensés et considérés comme majeurs dans l'évolution de l'art tombent dans l'oubli pendant plus de deux siècles, cela l'est déjà plus ! Tel est le sort de Georges de La Tour, dont l'œuvre n'est redécouverte qu'en 1863 grâce à Alexandre Joly, un Nancéien passionné. Du peintre lorrain, il n'existe ni correspondance, ni portrait, ni esquisse, ni inventaire, ni lettre de commande. Certes, les guerres de l'est de la France, et particulièrement la guerre de Trente Ans (1618-1648), ont détruit de nombreuses traces au fil des siècles. Mais qu'il ne subsiste quasiment aucun témoignage du parcours exceptionnel d'un artiste aussi incontournable relève de l'exploit ! Un texte de 1646 cite nommément un Georges de La Tour qui « *se rend odieux au peuple par la quantité de chiens qu'il nourrit* ». Ses lieu et année de naissance ont également suscité de multiples conjectures. Un ouvrage de 1751 mentionne un « Claude du Ménil de La Tour » né à Lunéville et il faut attendre le XXe siècle pour que l'historien de l'art Hermann Voss confirme que l'artiste s'appelait bien « Georges ». Son acte de baptême, retrouvé à Vic-sur-Seille, mentionne en outre que le peintre est fils de boulanger. Au XVIIe siècle, cette corporation, qui a la haute main sur le fondement de la nourriture quotidienne, fait pleinement partie des notables d'une cité. Il est donc acquis que le petit Georges a grandi dans un univers aisé. Et, de surcroît, dans une ville à l'architecture raffinée, abritant des églises remplies de tableaux et de sculptures. À l'époque, le personnage le plus en vue à Vic est Alphonse de Rambervilliers, lieutenant général du bailliage et collectionneur passionné. Il y a fort à parier que le jeune Georges de La Tour a pu visiter son cabinet de curiosité et admirer ses trésors, d'autant que Rambervilliers soutenait volontiers les jeunes artistes en devenir.

UN APPRENTISSAGE MYSTÉRIEUX

Si les origines de Georges de La Tour se sont précisées au fil des siècles, nul ne sait cependant auprès de quel maître l'artiste apprend réellement la peinture. Le style des tableaux de sa première période (1620-1630) ne laisse guère présager que La Tour ait pu faire ses armes à Paris ou en Italie. Il utilise un pinceau très fin et sa touche virtuose laisse à penser qu'il a dû apprendre son art auprès d'un grand dessinateur. Parmi les noms fréquemment cités, celui de Jacques de Bellange revient régulièrement. En effet, cet immense graveur vit et travaille à Nancy à l'âge où La Tour aurait pu faire son apprentissage. Si l'on ajoute à cela que les deux hommes ont réalisé des scènes réalistes et paysannes alors peu prisées par le répertoire italien à la mode dans les années 1610-1616, l'hypothèse devient fort plausible. Même la signature de Georges de La Tour au bas de certains de ses tableaux se rapproche de la graphie utilisée par Bellange ! Autre incertitude, un voyage à Rome que le jeune artiste lorrain aurait pu faire entre 1613 et 1616. Les relations privilégiées liant la ville éternelle au très catholique duché de Lorraine laissent là encore penser qu'un tel séjour aurait tout à fait pu avoir lieu. Depuis la mort du Caravage en 1610, les peintres de Rome explorent l'inspiration audacieuse et la facture singulière du maître du clair-obscur. Georges de La Tour, lui aussi profondément marqué par l'esprit ténébreux du caravagisme, n'a de toute évidence pu se familiariser avec cette tendance qu'en Italie. Que cet apprentissage romain ait effectivement eu lieu ou non, toujours est-il que l'artiste lorrain s'approprie la touche puissante et contrastée du maître italien en l'enrichissant d'un style propre et unique en son genre parfois qualifié de luministe. Maître de la lumière, de l'introspection et des atmosphères silencieuses, Georges de La Tour fait une entrée remarquée dans le monde de l'art dans le premier quart du XVIIᵉ siècle.

Saint Jérôme lisant, 1628-1629. Huile sur toile (65 x 79 cm).

Madrid, Musée du Prado © FineArtImages/Leemage

Peinte tôt dans la carrière de La Tour, dans sa période dite « diurne », cette toile a été redécouverte en 2005 dans un bureau de l'Institut Cervantes à Madrid. Conservée au musée du Prado depuis, sa provenance ancienne est totalement inconnue. Un exemple récent du mystère qui entoure la vie et l'œuvre de l'artiste...

Un duché au carrefour des mondes

Avant d'être définitivement rattachés au royaume de France en 1766, les duchés de Lorraine et de Bar ont longtemps regardé du côté des États germaniques.

Le fondateur de la maison de Lorraine-Alsace, qui a régné sur le duché pendant près de quatre siècles avant de s'allier au comté d'Anjou, est Gérard d'Alsace (1030-1070), deuxième fils du comte de Metz. En 1047, son frère aîné Adalbert avait reçu la Haute-Lotharingie des mains d'Henri III du Saint-Empire, roi des Romains. C'est son décès, après seulement un an de règne, qui permet à son cadet de prendre le titre de duc de Lorraine. A la fin du XVe siècle, Charles le Téméraire, duc de Bourgogne, lorgne sur ce territoire et s'empare de places fortes stratégiques. Mais il tombe en 1477, lors de la bataille de Nancy, à la faveur d'une alliance entre les lorrains et le roi de France Louis XI. Lorsque Georges de La Tour naît à la fin du XVIe siècle, la Lorraine est majoritairement francophone. Depuis 1545,

le duc Charles III règne sur ce territoire féodal émietté aux ramifications complexes. Depuis Nancy, sa capitale, il doit en effet composer avec des princes-évêques et une multitude de seigneurs locaux. Par exemple, la ville de Vic-sur-Seille où naît le peintre en 1593 relève directement de l'évêque de Metz. Avant les innombrables guerres qui la marquent durement à compter du XVIe siècle, la Lorraine est une terre de rencontres et d'échanges privilégiés pour les voyageurs en provenance d'Italie ou des Pays-Bas. Pas étonnant dès lors que tous les rois de France, d'Henri II à Louis XV, s'intéressent à ce duché ! Le premier s'empare des évêchés de Toul, Metz et Verdun en 1552, imité en 1633 par Louis XIII qui, allié aux Suédois, assiège Nancy. Ou par Louis XIV qui, soucieux d'agrandir le royaume, occupe la Lorraine

en 1670. Quant à Louis XV, à l'origine d'une curiosité historique inédite, il la donne en viager à son beau-père et ancien roi de Pologne Stanislas Leczinski le 16 avril 1736 en compensation de la perte de son trône. Aux dépens du duc François III qui accepte à contrecœur d'abandonner ses terres en échange du grand-duché de Toscane. Et au grand désespoir d'une population lorraine très attachée à cette famille qui régnait sur son duché depuis plus de sept cents ans ! Du règne sans pouvoir de Stanislas, il subsiste notamment la place qui porte son nom à Nancy, ville dont il voulait faire l'une des plus belles capitales d'Europe. À sa mort en 1766, les duchés de Lorraine et de Bar reviennent à Louis XV, rejoignant ainsi pour de bon le royaume de France.

Le Tricheur à l'as de carreau, vers 1635. Huile sur toile (146 x 106 cm).

Paris, Musée du Louvre © Selva/Leemage

Ce tableau est doublement caravagesque. Par son sujet tout d'abord, celui des « Tricheurs », une thématique popularisée par Le Caravage quarante ans plus tôt. Par le soin apporté aux jeux d'ombre et de lumière qui ont fait le succès de l'artiste italien, puis de Georges de La Tour lui-même.

Saint Jérôme pénitent, entre 1625 et 1642.
Huile sur toile (109 x 152 cm).
Stockholm, National Museum © Photo Josse/Leemage

Jérôme est l'un des premiers traducteurs de la Bible, ici posée ouverte contre un crâne. Parmi les attributs du saint, représenté en vieillard faible et aux chairs usées, une corde de pénitence maculée de sang et un crucifix. Tous ces symboles soulignent la spiritualité de la scène. Une autre version de ce tableau est conservée au musée de Grenoble.

LE RETOUR EN LORRAINE

Le peintre a 23 ans lorsqu'il revient dans sa région natale pour y commencer sa carrière. Il épouse une riche aristocrate, fille de l'argentier du duc de Lorraine. Elle lui donne dix enfants, dont trois seulement survivent. À Nancy, l'artiste cultive à merveille ses relations de cour. Mais c'est à Lunéville qu'il s'établit à l'été 1620, menant une vie de grand bourgeois et jouissant des avantages habituellement accordés aux seuls nobles. Lunéville est non seulement la ville de sa femme, mais aussi et surtout un terrain sans rival où il peut exprimer son talent sans contraintes et, par la même occasion, confirmer son nouveau statut social. Pour Georges de La Tour et sa famille, ce sont des années fécondes qui voient l'artiste répondre à de nombreuses commandes. En 1624, le duc lui-même lui demande de réaliser un tableau. Les historiens de l'art considèrent que, pour cette décennie, entre 25 et 27 toiles auraient survécu à l'incendie et à la mise à sac de la ville en 1638. Fort peu, donc, eu égard à la grande production supposée de l'artiste. Mais tout de même assez pour comprendre que Georges de La Tour est à l'origine d'une révolution esthétique inédite, entre réalisme et méditation. Les ressorts spirituels puissants, couplés à ces contrastes lumineux immédiatement reconnaissables, dans des univers dépouillés où la nature est proscrite, placent l'artiste hors de tout système.

Une Madeleine en veille pour l'éternité

Si l'artiste a peint Madeleine à au moins quatre reprises, cette version dite « à la veilleuse » conservée au musée du Louvre est, de loin, la plus aboutie.

Georges de La Tour choisit de représenter ici la jeune femme, disciple de Jésus et premier témoin de la Résurrection, en pleine introspection. Absorbée par ses pensées, Marie-Madeleine regarde fixement la lueur d'une chandelle tremblante. En optant pour une composition sans ornements et réduite au strict minimum, et au-delà de la seule anecdote religieuse, le peintre invite le spectateur à mener une réflexion sur lui-même. Le crâne comme témoignage de la vanité des choses terrestres, la flamme comme symbole du temps qui se consume invariablement, l'atmosphère épurée et sombre... tout concourt à faire de ce tableau *un memento mori* [1] des plus éloquents. Si Madeleine est généralement représentée avec un crâne et des livres comme attributs, le regard le plus souvent levé vers le ciel pour en recevoir la lumière, La Tour dramatise ici la repentance de cette ancienne prostituée guérie par le

Christ des démons qui l'habitaient, puis devenue sainte. Concentré sur la religiosité du message véhiculé par son modèle, le peintre impose une vision directe, simple et sans artifices de la fragilité des êtres et du caractère éphémère de la beauté. Et comme pour accentuer plus encore le mystère qui entoure Georges de la Tour, l'histoire elle-même de cette toile n'est pas anodine ! Au début du XXᵉ siècle en effet, son propriétaire demande à un intermédiaire peu scrupuleux de se charger de sa vente. Malgré une offre supérieure à la somme demandée par le vendeur, le courtier refuse une offre du musée du Louvre et en profite pour mettre l'institution en concurrence avec le musée de Cologne. Une fois la transaction réalisée, l'intermédiaire véreux disparaît avec une partie du fruit de la vente ! Après de multiples recours en justice engagés par les héritiers du collectionneur lésé, la *Madeleine à la veilleuse* finit par

Madeleine à la veilleuse, vers 1642-1622.
Huile sur toile (94 x 128 cm).
Paris, Musée du Louvre © Josse/Leemage

gagner le musée du Louvre en 1949, non sans avoir passé une partie de la guerre cachée dans une mine de sel allemande à l'abri des bombardements.

[1] *« Souviens-toi que tu vas mourir »* ; cette locution latine désigne une tendance artistique appartenant au genre des natures mortes. Elle vise à rappeler aux hommes le triomphe de la mort en toute chose.

Saint Joseph charpentier, entre 1638 et 1640.
Huile sur toile (102 X 132 cm).
Paris, Musée du Louvre © Photo Josse/Leemage
Dans les années 1950, ce tableau a fait l'objet d'une analyse radiographique révélant des repentirs (le fait de reprendre, corriger ou affiner les traits d'une composition initiale) sur le visage de l'enfant. Les premières formes laissent à penser que l'artiste voulait tourner la tête de Jésus de trois quarts, quasiment face au spectateur.

AU SERVICE DU ROI DE FRANCE

On ignore tout des relations de La Tour avec les ducs de Lorraine. Peut-être pense-t-il alors, à l'instar de son contemporain Nicolas Poussin, qu'éviter de prendre clairement position en faveur d'un souverain est une nécessité pour traverser les crises. On suppose que, de 1638 à 1643, La Tour a partagé sa vie entre Paris et son pays. Il paraît en tout cas improbable que le maître de Lunéville n'ait eu vent ni de la commande de la galerie des Médicis de Rubens ni des succès de Simon Vouet ou Philippe de Champaigne à Paris. Après tout, ses compatriotes Jacques Callot et Claude Deruet quittent eux-mêmes régulièrement Nancy pour la capitale afin de profiter de la flambée de l'art parisien sous le mécénat de Richelieu et Louis XIII ! D'une manière générale, les Lorrains sont particulièrement bien accueillis dans le Paris de l'époque. Quoi qu'il en soit, un fait est attesté : en 1639, Georges de La Tour reçoit le titre de « peintre ordinaire du roi » et se voit octroyer un logement dans les galeries du Louvre. Cette reconnaissance déclenche un engouement soudain pour le travail de l'artiste lorrain auprès des amateurs parisiens. Richelieu, le chancelier de France Séguier (protecteur de Vouet et Le Brun) ou le surintendant des finances Bullion... tous lui passent commande. Mais bien que présent à Paris, Georges de La Tour ne perd jamais de vue sa terre natale et se considère avant tout comme un peintre lorrain.

UNE FIN BRILLANTE

Entre 1641 et 1643, Georges de la Tour se réinstalle à Lunéville. Très apprécié du gouverneur de Nancy, le maréchal de La Ferté, l'artiste retrouve son domaine et ses titres. Contrairement à beaucoup de ses contemporains, La Tour n'a pas d'atelier et se fait simplement aider de quelques apprentis. Rapidement, son fils Émile de La Tour (1621-1692) marche dans les pas de son père et devient peintre, au point d'être lui aussi nommé « peintre ordinaire du roi » en 1654 ! Mais, outre les soubresauts politiques qui agitent la Lorraine au XVIIᵉ siècle, un autre mal frappe les populations du duché à partir de 1636 : la peste. Certains spécialistes avancent l'hypothèse que La Tour aurait pu être victime de l'épidémie qui a frappé Lunéville en 1652. D'autres sources affirment que l'artiste aurait succombé à une pleurésie. Quoi qu'il en soit, sa disparition marque la fin de l'âge d'or de l'art lorrain et son œuvre tombe aussitôt dans l'oubli. À ce jour, seule une quarantaine d'œuvres a été authentifiée, le doute planant sur une vingtaine d'autres.

Le Souffleur à la lampe, vers 1640.
Huile sur toile (50 x 61 cm).
Dijon, Musée Des Beaux Arts © Photo Josse/Leemage

Références bibliographiques

Jean-Pierre Cuzin et Dimitri Salmon, *Georges de La Tour, Histoire d'une redécouverte*, Découvertes Gallimard, Paris, 2004
Valeria Merlini, *Georges de La Tour*, Skira, Paris, 2012
Anne Reinbold, *Georges de La Tour*, Fayard, Paris, 1991
Pierre Rosenberg et Bruno Ferté, *Georges de La Tour*, Gallimard, Paris, 1999
Jacques Thuillier, *Tout l'Œuvre peint de Georges de La Tour*, Flammarion, Paris, 1973
Jacques Thuillier, Céline Paul et Sophie Harent, *Disparitions, indices, énigmes,*
Hommage à Georges de La Tour, Réunion des Musées Nationaux, Paris, 2002

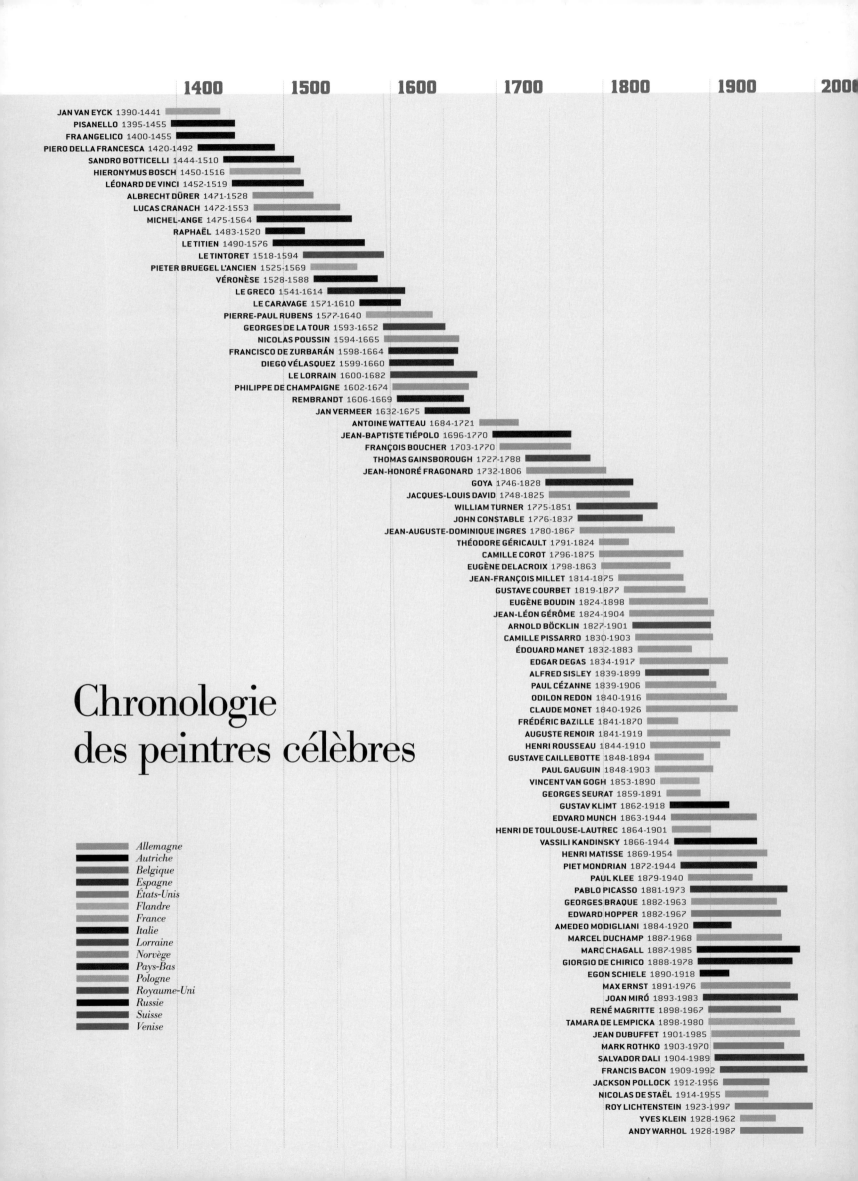

Chronologie des peintres célèbres

HANDY MAN ▷

Shown here in 1946, W.M. Heldman from Sharpsburg, Pennsylvania, had two thumbs on each hand, and three webbed fingers on his left hand. However, these unusual features did not prevent him from using his hands as well as anyone else.

BREATHE IN!

Ed Anato Hayes from Mountain Air, Colorado, performed amazing anatomical feats during the 1930s. Here he is seen displacing his entire abdomen.

LEG STOLEN

Melissa Huff of Arcadia, California, had her prosthetic leg stolen and returned by a burglar twice in the space of five months. She lost her real leg in 2003 when a car hit her on the sidewalk.

TIMELY ARRIVALS

While driving alone on April 21, 2006, Carolyn Holt of St. Peters, Missouri, had a heart attack—and three of the first four people who stopped to help were two registered nurses and a defibrillator salesman.

JANITOR'S LEGACY

When Genesio Morlacci retired, he took a part-time janitor's job at the University of Great Falls in Montana for a short while. And, wishing other people to have the education that he hadn't, when Genesio died at the age of 102, he left a gift of $2.3 million to the university.

LONG NAILS ▽

Marie Brunozzy of Wanamie, Pennsylvania, actually used to bite her nails as a young woman. She did stop, however, and by the time this photograph was taken in 1953, they had grown to 5⅜ in (13.7 cm).

WHICH WAY?

During the 1930s, Avery Tudor from New York City was able to twist his foot completely around to face backwards.

SMASHING TIME

Visiting the Fitzwilliam Museum, Cambridge, England, in January 2006, Nick Flynn tripped on a shoelace, tumbled down a flight of stairs, and smashed into three 17th-century porcelain Chinese vases, worth a total of $600,000. The vases, which had stood on an open windowsill for more than 40 years, shattered into hundreds of pieces and it took six months to repair just one of them.

◁ TWO-MOUTHED FISH

A rainbow trout pulled from a lake near Lincoln, Nebraska, in December 2005 had double the chance of getting hooked—it had two mouths! As he reeled in the 1-lb (454-g) fish, Clarence Olberding noticed that the hook was in the upper mouth and there was another jaw protruding below. The second mouth did not appear to be functional.

MELTED CROSS

Russian teenager Marina Motygina survived a 2006 lightning strike that was so potent it melted a gold cross on her neck. The bolt hit her on the top of her head and seared through her body into the ground, destroying the necklace that she was wearing and leaving burns in the shape of a cross on her neck.

ACCIDENTAL MEETING

Brothers Joe and George Ipser of Cleveland, Ohio, hadn't seen each other in 20 years until they were accidentally reunited at a local hospital on New Year's Eve.

MIGRATION CLUE

Scientists at the University of Massachusetts School of Medicine have determined that monarch butterflies use the angle and intensity of sunlight to set their internal clocks and migrate from eastern U.S.A. to Mexico.

NATURAL DIET

Stranded in the Australian Outback in 2006, Ricky Megee of Brisbane, Queensland, said he survived for three months by eating leeches, frogs, grasshoppers, and lizards.

LOTTO LUCK

In December 2002, husband and wife Angelo and Maria Gallina of Belmont, California, won two separate lottery jackpots of $17 million and $126,000 on the same day—that's odds of one in 24 trillion!

SECRET LANGUAGE

Identical four-year-old twins Luke and Jack Ryan from Cleckheaton, West Yorkshire, England, have developed their own language. The boys chat away to each other using made-up words that their parents struggle to understand.

IMPRESSIVE EAR HAIR ▽

Seen here in February 2002, B.D. Tyagi from Bhopal, India, proudly displays long strands of hair growing from his ears that measured an incredible 4 in (10 cm) in length.

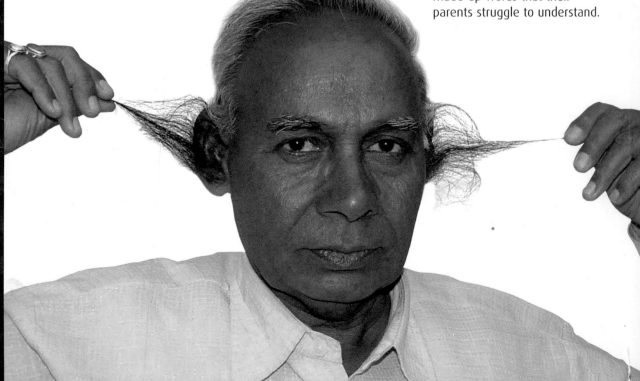

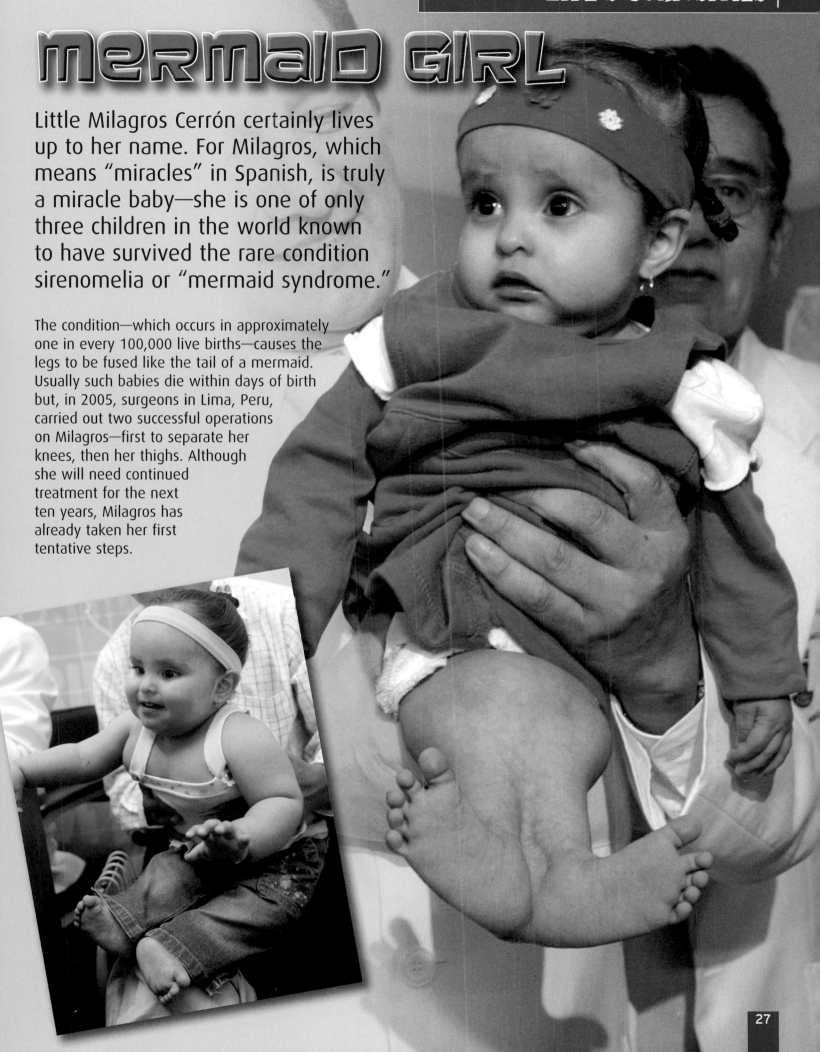

MERMAID GIRL

Little Milagros Cerrón certainly lives up to her name. For Milagros, which means "miracles" in Spanish, is truly a miracle baby—she is one of only three children in the world known to have survived the rare condition sirenomelia or "mermaid syndrome."

The condition—which occurs in approximately one in every 100,000 live births—causes the legs to be fused like the tail of a mermaid. Usually such babies die within days of birth but, in 2005, surgeons in Lima, Peru, carried out two successful operations on Milagros—first to separate her knees, then her thighs. Although she will need continued treatment for the next ten years, Milagros has already taken her first tentative steps.

DEBT REPAID

A man saved by a stranger from drowning in an icy Bosnian river 20 years earlier repaid the favor by donating a kidney to his rescuer. Remzo Pivic kept in touch with the brave rescuer, Ahmet Adulovic, even after the latter emigrated to Canada. And when he heard that Adulovic was suffering kidney problems, Pivic flew to Ottawa to donate the organ as a way to say thank you.

BIG HAIR

Aaron Studham gives a whole new meaning to having "big hair." The high-school student from Massachusetts has a Mohawk that reaches a magnificent 21 in (53 cm) in height. Taking up to an hour and a lot of hairspray and blow-drying to create, the gravity-defying hairstyle is, according to Aaron, a "real icebreaker with the girls."

NICE HAT!

This elderly man from a hill tribe living in northern Thailand hasn't cut his hair for more than 70 years. He wears it coiled around his head, which keeps the hair neat and tidy, and his head warm. The incredible long locks are more than 16 ft (5 m) in length.

BUTTER RIVER

A fire at a dairy plant in New Ulm, Minnesota, in December 2005 released a million-dollar wave of melted butter that covered streets, ruined firefighters' equipment, and clogged storm drains.

RING RETURNED

Linda Blardo of Zephyrhills, Florida, lost her high-school class ring at a local swimming spot. Thirty-four years later, the ring was found in a Georgia state park 470 mi (756 km) away from where she lost it.

SWALLOWED NAILS

Doctors in Vietnam removed 119 rusty 3-in (75-mm) nails from a woman's stomach in 2006! The 43-year-old woman had gone to the hospital with severe stomach pains, and X rays revealed the nails and other strange objects.

THREE OF A KIND

English comedian Vic Reeves shares the same real name, Jim Moir, and the same birthday—January 24—as both his father and his grandfather.

A FINE MESS

Matthew Buer of Essex, England, was fined by two different town councils for littering in February 2006 after French fries that he had been tossing from his car landed in two different towns.

AGE GAP

In northern Malaysia in 2006, a 33-year-old man, Muhamad Noor Che Musa, married a 104-year-old woman, Wook Kundor, saying their friendship had turned to love. It was his first marriage, and her 21st.

TWINCREDIBLE

Less than 18 months after identical twin Joanne Johnson married identical twin Richard McGee, she gave birth—to identical twin sons. Experts say the odds of such a thing happening are infinite. And what's more, the doctor at Royal Preston Hospital, Lancashire, England, who told the couple that they were expecting twins, was also an identical twin!

CAR FOUND

Alan Poster was reunited with his beloved car—37 years after it had been stolen. The brand-new Corvette vanished from his New York garage in 1969 but was spotted in November 2005 on a ship bound for Sweden. Although the car was silver instead of blue and lacked a gas tank and radiator, it was worth about $20,000—three times what he had paid for it.

IN NEED OF ▷ A WASH

In September 2006, Luo Shiyuan from a village in Chongqing, China, decided to wash his hair—26 years after the last time he washed it! Shiyuan's hair, which had also not been cut in a very long time, had grown to an impressive 6 ft 6 in (2 m) and his beard was 5 ft (1.5 m) in length. Unsurprisingly, the 80-year-old needed the help of 12 family members and friends to undertake the exercise, which took five hours to complete.

THREE-ARMED ▷ BABY

When a young Chinese mother, Xu, first set eyes on her new baby, she was amazed to see that the little boy had been born with three arms. Jie-jie was born in Anhui province in April 2006 with two left arms and one right arm. Although they were unusually complete, neither of the two left arms was fully functional and doctors decided to amputate the arm growing closer to his chest because it was thinner and always crooked. This arm was successfully removed in a three-hour operation. Jie-jie will need long-term physiotherapy to build up the strength in his remaining left arm.

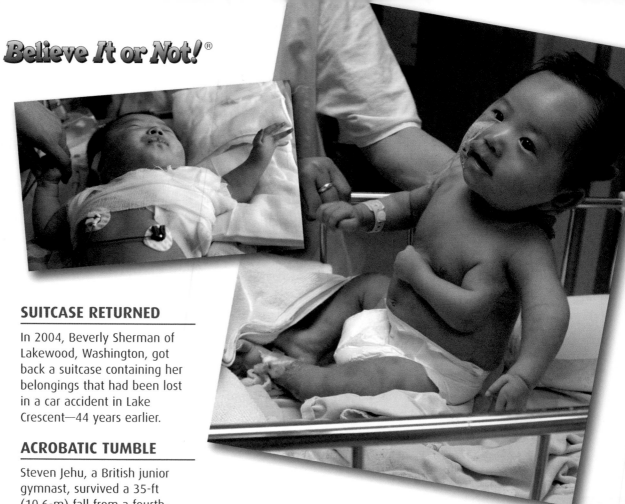

SUITCASE RETURNED

In 2004, Beverly Sherman of Lakewood, Washington, got back a suitcase containing her belongings that had been lost in a car accident in Lake Crescent—44 years earlier.

ACROBATIC TUMBLE

Steven Jehu, a British junior gymnast, survived a 35-ft (10.6-m) fall from a fourth-floor hotel window. And he did a somersault on the way down so he could land on his feet.

CHEST IMPALEMENT

While 8½ months pregnant, Jessie Wickham of Ann Arbor, Michigan, was accidentally impaled through her upper chest after falling onto a microphone stand in June 2003. She survived without serious injury and later gave birth to a healthy baby boy.

FATAL FUNERAL

Two people were killed at a funeral in the Dutch town of Vorden in 2006. The victims, who were musicians performing at the funeral of an elderly man, had been sheltering under a tree in the churchyard when the tree was struck by lightning.

SHEEP STRUCK

Croatian shepherd Milan Prpic lost no fewer than 230 sheep during a single lightning strike in 2006. The dead animals represented half his flock.

LOFTY LADY ▷

Yao Defen, from Anhui province in eastern China, stands an incredible 7 ft 8 in (2.36 m) tall. Seen here sitting outside her home with a friend of average size, 38-year-old Defen suffers from acromegaly, a disease in which a tumor on her pituitary gland caused excessive growth hormone to be produced in her body. She underwent surgery that partially removed the tumor when she was 28, but needs further operations to keep her condition in check.

MACABRE COINCIDENCE

Two women, both named April and with the middle name Dawn, lived in different parts of Fairfax County, Virginia, and dated 22-year-old men. In December 2005, in another amazing coincidence, both women were charged in separate murder-for-hire plots with trying to have those boyfriends killed.

DOUBLE INJURY

Twins Cassidy and Marissa Wiese of Laurel, Nebraska, both had roller skating accidents on the same day that resulted in each breaking their left arm.

MULTIPLE BIRTHS

Angela Magdaleno of Los Angeles, California, gave birth to seven children in just three years. In 2003, she gave birth to triplets and in July 2006, she had quadruplets, bringing her total number of children to nine. The odds of conceiving quads without fertility drugs, as Mrs. Magdaleno did, are one in 800,000.

IRON LUNG

When he died in February 2006, polio patient John Prestwich of Chipperfield, England, had spent more than 50 years breathing with the help of a machine. He contracted polio in 1955 when he was 17 and was left totally paralyzed below his chin. Without the iron lung, which was then fitted to his chest, he would have died in minutes as he was unable to breathe for himself. Despite his incapacity, he went to the top of the Eiffel Tower in Paris, flew in a helicopter, and took a spin on the "London Eye" big wheel in London.

TWO WOMBS

A woman with two wombs in Cariacica, Brazil, gave birth to healthy twin babies—one child from each womb, in May 2003.

ON TIME

There was a timely arrival for Samantha Noble of Florida who gave birth to her third child at 3.33 p.m. on March 3, 2003.

TRAPPED NUT

Doctors feared that 67-year-old Derek Kirchen from Norfolk, England, had lung cancer as he had suffered from pneumonia eight times. But the cause was found to be a cashew nut that had been stuck in his lung for 18 months.

EXTRA HEART

The body of a British tourist who died on vacation in Ireland in 2006 was flown back to the U.K. with an extra heart and pair of lungs. The extra organs were found in a plastic bag stitched inside the man's body.

LATE GRADUATE

Bob Brophy of Hillsboro, Missouri, is blind yet he graduated from college at the age of 72 with perfect grades.

⚠ THREE-LEGGED MAN

Francisco Lentini was born in Sicily, Italy, in 1889 with three legs. He moved to the U.S.A. at the age of nine, and became a circus star. Lentini was highly successful, married with four children, and lived to the age of 77, but sometimes used to complain that even with three legs, he still didn't have a pair!

WALLET RETURNED

In 2006, a lengthy 35 years after Gary Karafiat of Naperville, Illinois, lost his wallet in high school, it was returned to him—totally intact!

SAME FISH

In July 2006, English angler Bob Watton from Poole, Dorset, caught the same fish twice within three days—two miles out at sea. The first time he hooked the 11-lb (5-kg) sea bass, his line snagged on a rock and the fish escaped. But three days later—at around the same spot off the Dorset coast—he reeled in a 2-ft (60-cm) bass that he recognized as being the same fish from the distinctive hook and broken line of the previous attempt.

Believe It or Not!®

LOBSTER THIEF

A swimmer who lost his wallet on a late-night dip in the sea had it returned a few days later—after it was found in the claws of a lobster. Paul Westlake of Plymouth, Devon, England, thought he had seen the last of his wallet until a deep-sea diver discovered it in the clutches of a lobster on the ocean floor.

MIRACLE BABY ▷

Emylea Tharby, born in London, Ontario, Canada, in April 2005, grew outside of her mother's womb. In a case so rare that only four similar births have been recorded worldwide, baby Emylea developed in mother Lia's abdominal cavity, with her head pressing against Lia's liver and her umbilical cord attached to the outside of Lia's uterus. Although Lia suffered severe abdominal pain during her pregnancy, doctors only discovered Emylea's unusual position during her cesarean delivery.

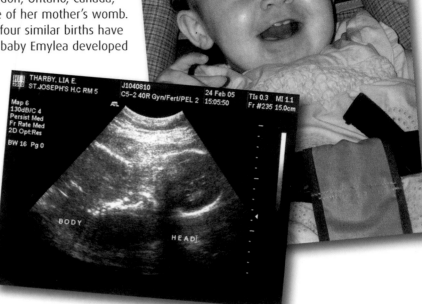

BIT OFF TONGUE

In the course of a disturbance on May 13, 2006, Kaijuan Corbett of Brooklyn, New York, bit off his own tongue and spat it at police officers.

CHIMNEY TUMBLE

Phil Harrison of Yorkshire, England, survived a 30-ft (9 m) fall from a factory chimney in 2006 because he landed in a pile of pigeon poop! Although he broke his neck as he plunged to the basement of the building, the impact was cushioned by a layer of bird

SOUL SALE

A Chinese man from Jiaxing, near Shanghai, attracted bids from 58 would-be buyers in 2006 when he tried to sell his soul on-line. Taobao, a Chinese Internet auction site, eventually stopped the sale because it needed proof that the seller could actually provide the goods.

FUNERAL SERVICE

Students from St. Ignatius High School in Cleveland, Ohio, have a volunteer pallbearer club that donates its services to nearby funeral homes.

COUGHED UP

Chris Brown of Cheltenham, Gloucestershire, England, finally coughed up a twig 1 in (2.5 cm) long that had been stuck in his lung for 20 years!

CLEVER KOMODO

Flora, a captive female Komodo dragon who lives at Chester Zoo in England, has produced 11 eggs without having had any contact with a male Komodo, ever. Scientists have concluded that her eggs are the product of asexual reproduction—they have developed without being fertilized by sperm in a process called parthenogenesis, a phenomenon that is occasionally reported in vertebrates that have lived without a male mate for an extended period.

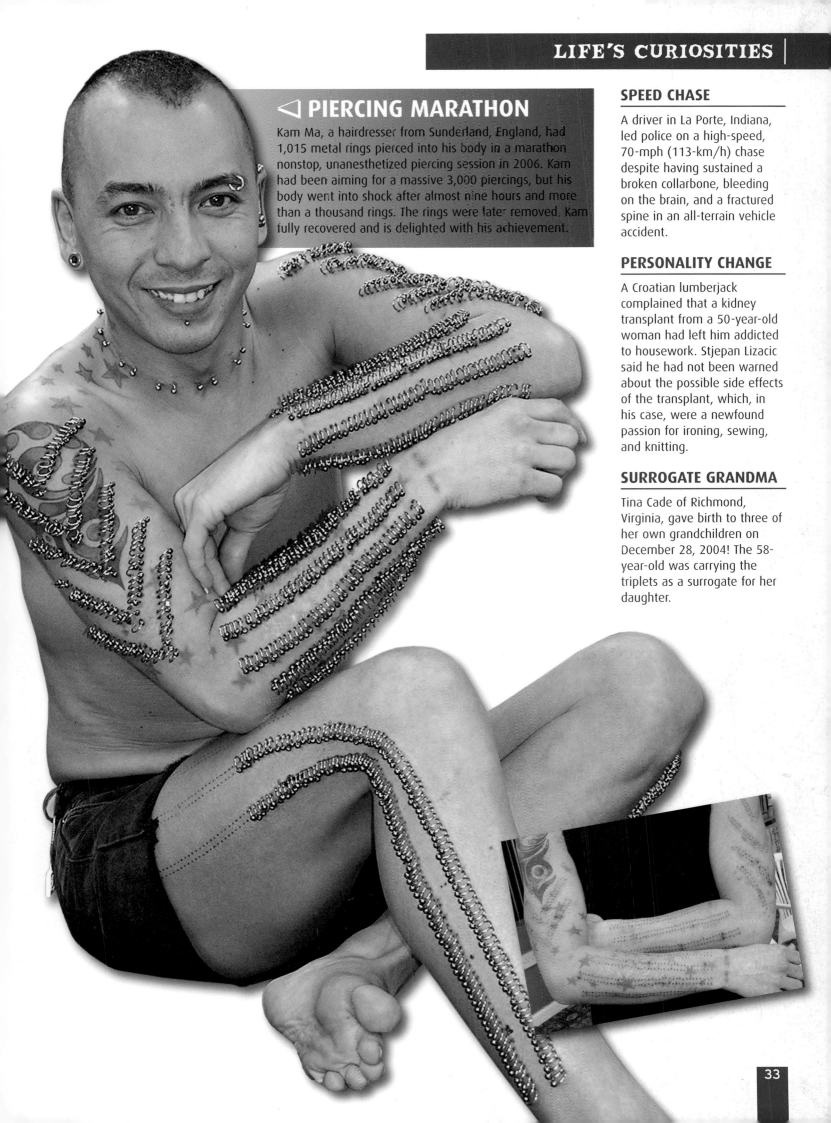

◁ PIERCING MARATHON

Kam Ma, a hairdresser from Sunderland, England, had 1,015 metal rings pierced into his body in a marathon nonstop, unanesthetized piercing session in 2006. Kam had been aiming for a massive 3,000 piercings, but his body went into shock after almost nine hours and more than a thousand rings. The rings were later removed. Kam fully recovered and is delighted with his achievement.

SPEED CHASE

A driver in La Porte, Indiana, led police on a high-speed, 70-mph (113-km/h) chase despite having sustained a broken collarbone, bleeding on the brain, and a fractured spine in an all-terrain vehicle accident.

PERSONALITY CHANGE

A Croatian lumberjack complained that a kidney transplant from a 50-year-old woman had left him addicted to housework. Stjepan Lizacic said he had not been warned about the possible side effects of the transplant, which, in his case, were a newfound passion for ironing, sewing, and knitting.

SURROGATE GRANDMA

Tina Cade of Richmond, Virginia, gave birth to three of her own grandchildren on December 28, 2004! The 58-year-old was carrying the triplets as a surrogate for her daughter.

33

Index

ACKNOWLEDGMENTS

COVER (b/l) www.sunderlandbodyart.com; 6 (b/l) PA Photos, (t/r) ChinaFotoPress/Getty Images, (c/r) PA Photos, (b/r) ChinaFotoPress/Getty Images; 7 PA Photos; 9 (t) Robin Boyce/Ripley Entertainment Inc., (b) Newscom; 10 (b) Wang Xiaocun/CQCB/ChinaFotoPress/Getty Images, (t/l) Denis Charlet/AFP/Getty Images, (t/r) CHU Amiens via Getty Images; 11 Rex Features; 12–13 (c) PA Photos; 12 (t) Sam Panthaky/AFP/Getty Images; 13 (t) PA Photos; 14 PA Photos; 15 Louis Sanchez III/Ripley Entertainment Inc.; 16 (t) Newscom; 17 (t) Reuters/Victor Ruiz, (b) Hulton Archive/Getty Images; 18–19 (t/dp) Nicole Shaffer/Ripley Entertainment Inc.; 18 (fc) Nicole Shaffer/Ripley Entertainment Inc., (b) IB/IHA/UPPA/Photoshot; 19 (b) Reuters/STR New; 20–21 Passionate Productions/Getty Images; 22 Mark Mirko/Rex Features; 23 (t) De Ville/Rex Features, (b) swns.com; 26 PA Photos; 27 Reuters/Pilar Olivares; 28 PA Photos; 29 (b) CQCB/ChinaFotoPress/Getty Images, (t/c, t/r) Reuters/Str Old; 30–31 (c) Reuters/Nir Elias; 30 (t/l, t/r) PA Photos; 32 (t) Emylea Tharby/Ripley Entertainment Inc., (b/l, b/r) Reuters/Phil Noble; 33 www.sunderlandbodyart.com

All other photos are from Corel, PhotoDisc, Digital Vision and Ripley's Entertainment Inc.